Anonymous

Kurze Anleitung zur deutschen Briefkunst

Anonymous

Kurze Anleitung zur deutschen Briefkunst

ISBN/EAN: 9783743411449

Hergestellt in Europa, USA, Kanada, Australien, Japan

Cover: Foto ©Lupo / pixelio.de

Manufactured and distributed by brebook publishing software (www.brebook.com)

Anonymous

Kurze Anleitung zur deutschen Briefkunst

Kurze Anleitung
zur
deutschen
Briefkunst.

Auf
churfürstlich höchsten Befehl
zum Gebrauche
der deutschen Schulen
herausgegeben
für die VI. Classe der Kinder.

Mit Churfürstlich gnädigster Freyheit.

München, zu finden bey Joh. Georg Ruprecht
burgerl. Buchbinder auf dem Platze, als allein

Imprimatur.

Signatum München in dem churfürstl. Büchercensurcollegium den 20 April 1770.

Wilhelm Wobiczka,
Secretair.

Churfürstlich gnädigster Befehl.

Von GOttes Gnaden Wir Maximilian Joseph, in Ober- und Niederbaiern, auch der obern Pfalz Herzog, Pfalzgraf bey Rhein, des Heil. Röm. Reichs Erztruchseß und Churfürst, Landgraf zu Leuchtenberg ꝛc. ꝛc. entbiethen Jedermann Unsern Gruß, und Unsre Gnade zuvor.

Da Wir Uns gnädigst entschlossen, eine allgemeine Verbesserung und Einrichtung in den deutschen Schulen Unserer Churlanden zu treffen, auch zu diesem Ziele durchgehends die Schulbücher von Fehlern zu reinigen, und, wo es nöthig, auch neue Schulwerklein zu verfertigen gnädigst anbefohlen haben: so befehlen Wir auch hiemit alles Ernstes der systematischen und durchgängig in Unsern Churlanden gleichförmigen Lehrart halber, das gegenwärtige kurze Anleitung zur deutschen Briefkunst in allen deutschen Schulen Unserer Churlanden eingeführt, und von den Schullehrern hinführ gebraucht werde.

Wir versehen Uns hierinn des fertigsten unterthänigsten Gehorsams um so gewisser, als den Uebertretern Unsere höchste Ungnade, und nach Gestalt der Sachen auch ernstgemessene Bestrafung unausbleiblich seyn wird. Gegeben in Unserer churfürstlichen Haupt- und Residenzstadt München den 2ten May 1770.

Ex Commissione Seren.   (L.S.)
D. D. Ducis, et Elect.
speciali.

Ant. Johann Lipowsky.

Von Gottes Gnaden Wir Maximilian Joseph, in Ober = und Niederbaiern, auch der obern Pfalz Herzog, Pfalzgraf bey Rhein, des heil. römischen Reichs Erz = Truchseß und Churfürst, Landgraf zu Leuchtenberg ꝛc. ꝛc.

Bekennen offentlich mit diesem Brief, und thun kund männiglich, wasmaßen Uns Johann Nepomuck Fritz, Buchhändler in München unterthänigst gebethen, ihm auf die neuen Braunischen Schulbücher auf zehn Jahre ein gnädigstes Privilegium dergestalten zu ertheilen, kraft dessen ihm Niemand sothane neue Schulbücher außer jenen nachdrucken dürfe, welche bereits vorhin auf solche Bücher schon ein Privilegium übertommen. Da Wir nun erst angezogene gehorsamste Bitte gnädigst angesehen, und daher Eingangs berührten Johann Nepomuck Fritz die besondere Churfürstliche Gnade gethan, daß er von nun in die weitere zehn Jahre lang berührt Braunische Schulbücher jedoch dergestalten in offenen Druck ausgehen hin und wieder feil haben und verkaufen möge, daß jedoch denjenigen, welche schon auf einen Theil desselben z. E. auf das Evangelium, Cathechismum oder Namenbüchel bereits privilegiert sind, nichts daran benommen, mithin selbe das Schulbuch gleichfalls, aber nicht weiter als den privilegirten Theil betrift, nachzudrucken befugt seyn sollen. Als gebiethen Wir all und jeden unsern Obrigkeiten und Beamten hiemit ernstlich, keinen in unsern Churlanden zu Baiern, dann dem Herzogthum der obern Pfalz angesessenen Buchdruckern, Buchhändlern und Buchbindern (außer denen obbemeldtermaßen schon privilegirten) zu verstatten, daß sie noch jemand anderter obangezogene Braunische Schulbücher weder in dem schon gedruckten noch einem andern Format nachzudrucken, oder nachgedruckter distrahiren und verkaufen, weniger die ausländische darmit in ermeldt unsere Churlande zu Baiern, dann der obern Pfalz herein handeln mögen, und dieß bey Vermeidung unserer Churfürstlichen höchsten Ungnade nebst Verwürckung einer Geld-

strafe

strafe von ein hundert Ducaten, wovon die Hälfte unsere Hofkammer, die andere Hälfte aber mehr erwehnten Verleger zufallen solle, dann auch bey Verlierung derselben Nachdruckes, welchen ofternannter Fritz oder dessen Erben mit Hilf und Zuthun eines jeden Orts Obrigkeit gegen Vorweisung dieser unsrer gnädigsten Verordnung und ertheilten Churfürstlichen Privilegii wo man dergleichen finden wird, also gleich aus eignen Gewalt ohne Verhinderung männiglich zu sich nehmen, und darmit nach Gefallen handeln und thun mögen, wie dann andern auch zur Nachricht und Warnung dieses Privilegium den Braunischen Schulbüchern voran gedruckt werden solle.

Gegeben in unser Churfürstl. Haupt- und Residenzstadt München, den 8ten Monatstag Novembris im ein tausend siebenhundert und siebenzigsten Jahres.

Maximilian Joseph, Churfürst.

Joseph Dominicus Schreybauer, Churfürstl. wirtl. Rath und geheimer Secretarius.

Vorrede.

Dem Plane der neuen Schuleinrichtung gemäß müssen die Kinder in der VI Classe zur Briefkunst angeleitet werden. Die Briefe sind die gewöhnlichste und nöthigste Art der schriftlichen Aufsätze, die jedem Staatsbürger zu seinen täglichen Geschäften nöthig sind. Sie sollen also auch die ersten Geschäfte eines Jünglinges seyn, der einen Grund zu seinem künftigen Glücke legen will. Freylich ist es in der That schwerer, einen guten deutschen Brief zu schreiben, als sich manche einbilden. Man fodert aber auch von einem Knaben in der VI Classe noch nicht, daß er in diesem Stücke vollkommen werde. Genug, wenn er den Grund in den Schulen legt, und auf die rechte Pfade geführt wird, worauf er nach der Hand immer größere Schritte machen, und sich selbst vollkommener machen kann.

Zu diesem Endzwecke hat man auch hier keine weitläuftige und vollständige Anleitung zur Briefkunst liefern wollen. Es sind nur die Anfangsgründe davon. Es werden aber diese Anfangsgründe hinlänglich genug seyn; denn wenn es je die Erfahrung gelehret hat, daß Beyspiele immer mehr nützen, als viele Regeln: so hat sie es in diesem Stücke gelehret.

Hier fällt nun auch von sich selbst der Einwurf weg, daß die Briefkunst für Kinder noch zu hoch und zu schwer sey. Sie werden zwar keine vollkommene Schriftsteller hierdurch werden. Ja! Sie bekommen aber doch gesunde Begriffe von der ächten und natürlichen Schreibart. Haben sie diese: so haben sie schon viel in allen schriftlichen Aufsätzen voraus, und es wird ihnen dieß mit der Zeit viel nützen, was sie immer für einen Stand antreten werden. Hingegen haben wir Beyspiele genug vor Augen, was für elende Briefe diejenigen schreiben, welche die Tage ihres Lebens nicht hiervor gehöret, oder denen falsche Begriffe und Regeln von der Schreibart in Briefen beygebracht worden. Mehr habe ich in dieser kleinen Vorrede nicht zu sagen. Die Erfahrnng selbst wird den Nutzen zeigen, wenn diese Unterrichtungsart allenthalben eingeführt, und allgemein wird.

Verzeichniß
der Hauptstücke, und des Innhalts derselben.

I Hauptstück. Von der Briefkunst überhaupt, und den Vortheilen gute Briefe schreiben zu lernen.

II Hauptstück. Von der Eintheilung und Einrichtung der Briefe.

III Hauptstück. Von der Schreibart in Briefen.

IIII Hauptstück. Von dem äuserlichen Wohlstande in Briefen.

V Hauptstück. Muster von Briefen zur Uebung für Kinder.

I. Hauptstück.

Von der Briefkunst überhaupt, und den Vortheile, gute Briefe schreiben zu lernen.

I Frage. Was ist ein Brief?

Antw. Ein Brief ist nichts anders, als eine Rede eines Abwesenden mit einem andern Abwesenden vermittelst eines schriftlichen Aufsatzes.

Frag II Was bedeuten die Worte: Eine Rede eines Abwesenden mit einem andern Abwesenden.

Antw. Dieß heißt: Ein Brief vertritt die

die Stelle eines Gespräches. Weil wir mit einem Abwesenden nicht mündlich reden können: so sagen wir ihm dieß durch Briefe, was wir ihm mündlich würden gesagt haben, wenn er gegenwärtig wäre.

Frag III Was folget hieraus?

Antw. Die zwo Haupteigenschaften eines guten Briefes.

Ein Brief ist eine **Unterredung**; folglich muß er natürlich geschrieben seyn. Er ist eine schriftliche Unterredung; folglich muß er auch schön geschrieben seyn.

Frag IIII **Was heißt natürlich, und schön schreiben.**

Antw. **Natürlich** schreiben heißt also schreiben, wie man reden würde, wenn man bey der Person wirklich wäre, an die der Brief gerichtet ist. *

---

* Man muß aber unter dem Natürlichen nicht das **Platte** und **Pöbelhafte** verstehen. Freylich muß ein Brief so geschrieben seyn, wie man redet; aber ja nicht so platt hin, wie man im täglichen Umgange redet, sondern wie man reden würde, wenn man alle Worte und Ausdrücke zuvor über=
legen

Von der Briefkunſt überhaupt.

legen und wählen kann, ehe man ſie redet. Und
dieß kann auch wirklich im Schreiben geſchehen.

Schön ſchreiben begreift zweyerley in ſich:

I Die innere Einrichtung des Briefes, und

II Den äußerlichen Ausdruck, oder die
Schreibart deſſelben. Von beyden wollen wir
in folgenden Hauptſtücken handeln.

**Frag V Wie kann man gute Briefe am
beſten und eheſten ſchreiben lernen?**

Antw. Hierzu giebt es verſchiedene Vor=
theile.

**I Muß man aus einer Anweiſung zur
Briefkunſt die Hauptgründe und Regeln
wohl verſtehen, die zu Verfaſſung eines
Briefes gehören.** *

> * Alles kömmt auf dieß an, was man für Begrif=
> fe von einer Sache hat. Hat man einmal irri=
> ge Begriffe, ſo muß man wieder ablernen; wird
> man aber gleich Anfangs auf die rechte Bahne
> geleitet, ſo iſt es ſchon halb gewonnen. Wie=
> viele ſind nicht der Meynung, es müſſen alle
> Briefe in der gerichtlichen und weitläuftigen
> Schreibart abgefaßt ſeyn; hingegen mißkennen
> ſie auch das Natürliche, und ſchreiben ihre
> Briefe recht actenmäßig nieder. Man thut
> wohl,

wohl, wenn man dergleichen Briefe der Jugend vorlegt, und den Unterschied der Schreibarten hierdurch begreiflich macht.

II Man muß sich bey Zeiten gewöhnen, gute Muster von Briefen kennen und lesen zu lernen. *

> * Die Kenntniß der Regeln giebt noch keine Fertigkeit in der Ausübung. Wenn ich alle Regeln weiß, so kann ich deßwegen doch noch nicht regelmäßig und schön schreiben. Dieß giebt die Uebung. Ueben kann man sich aber immer besser, wenn man gute Muster vor sich hat, denen man nachahmen kann, als wenn man bloß nach Regeln schreiben muß.

III Die Muster von guten Briefen muß man glücklich nachzuahmen suchen. *

> *) Was man anfänglich für Briefe zu Mustern hat, diese machet man sich durch die Nachahmung eigen. Weil nun bisher immer schlechte Briefe zu Mustern genommen worden: so hat nichts anders als eine schlechte Schreibart daraus entstehen können.

IIII Man muß den Zusammenhang der Gedanken zuvor kurz entwerfen, ehe man einen Brief gerade hin nieder schreibt.

* Dieß

Von der Briefkunst überhaupt.

* Dieß geht hauptsächlich Anfänger an. Man schreibe also die Puncten vorläufig nieder, die man zu schreiben hat. Alsdann stelle man sie in eine natürliche Reihe. Diese Reihe machet den Zusammenhang vor sich selbst aus. Hernach bedarf der Brief keine andere Mühe mehr, als daß man die Puncten geschickt verbinde. In den folgenden Hauptstücken wird dieß practisch gezeiget werden. Es werden die Puncten voraus stehen, und der Brief, der aus denenselben besteht, jederzeit nachfolgen.

V Man lerne fremde Briefe gut beurtheilen, und gebe sowohl auf die Fehler als auf die Schönheiten derselben acht. *

*) Dieser Vortheil ist einer der wichtigsten. Er schärfet die Beurtheilungskraft. Die Schullehrer können in diesem Stücke das Beste thun, wenn sie den Kindern einen gut oder schlecht geschriebenen Brief vorlegen, denselben zergliedern, und die Schönheiten sowohl als Fehler dabey anmerken.

Einer der besten Vortheile wäre auch das Uebersetzen aus einer fremden Sprache. Da aber dieß für Kinder noch zur Zeit zu schwer ist: so will ich diesen Vortheil nur deßwegen anmerken, damit sie sich desselben nach der Hand bedienen können, wenn sie aus den

Schulen kommen, und sich ferner in der Briefkunst üben wollen.

II. Hauptstück.
Von der Eintheilung und Einrichtung der Briefe.

Frag I Wie viel Gattungen oder Eintheilungen giebt es von Briefen?

Antw. So viel als verschiedene Gelegenheiten vorfallen können, worinn man Briefe schreiben muß. Es giebt Empfehlungsschreiben, Trauerschreiben, Glückwunsch- und Danksagungsschreiben, Entschuldigungsbriefe, Einladungsbriefe, u. s. a. m. Die alle nach dem Innhalte, den sie haben, ihren Namen führen. Es ist aber unnöthig, von allen sonderheitlich und ausführlich zu handeln. Jeder Brief, wie Gellert urtheilet, muß natürlich, deutlich, lebhaft, und nach der Absicht der Sachen gut geschrieben seyn. Alle Briefe kommen also in der Hauptsache zusammen.

Von der Einrichtung der Briefe

Frag II Können nicht alle diese Gattungen von Briefen in eine kürzere Eintheilung gezogen werden.

A. Allerdings. Dem Innhalte nach sind alle Briefe, entweder

I Geschäftsbriefe, oder

II Wohlstandsbriefe.

Oder, wenn man die Briefe nach den Personen eintheilen will, an die man schreibt: so giebt es hauptsächlich dreyerley Gattungen von Briefen:

I an höhere Personen

II an gleiche

III an niedere Personen.

Die erste Gattung kann man glatterdings zu den Wohlstands- und Geschäftsbriefen ziehen; die andere zwo pflegt man auch freundschaftliche Briefe zu nennen.

Frag III Wir müssen hauptsächlich die Briefe eingerichtet seyn?

Antw. Es geben zwar manche Briefsteller eine Menge Regeln von der Einrichtung in Briefen;

Briefen, ich halte es aber überhaupt nicht für gut, alles so genau nach der Elle abzumessen. Das häufige Regelngepränge erwecket von sich selbst schon Eckel und Verdruß. Man verwirret sich gar gerne, wird ängstlich, und schreibt einen nach allen Regeln elenden Brief nieder. Die Uebung, und das beständige Lesen guter Muster nützen in diesem Stücke mehr, als alle Regeln. Wir wollen aber doch unsern Schüler nicht ohne alle Anleitung gehen lassen. Wir wollen ihn lehren, wie er es angehen solle, wenn er einen Brief an **gleiche Personen,** oder einen andern an **höhere Personen** schreiben will. Denn die er an niedere schreibt, sind von jenen fast gar nicht unterschieden, die an gleiche Personen geschrieben werden.

§. IIII Wie geht man es an, einen Brief an gleiche Personen oder einen freundschaftlichen Brief zu schreiben?

Antw. Man schreibt I die Stücke, die man seinem Freunde schreiben will, ohne eine mühsame Ueberlegung gerade an ein Blatt hin.

Von der Einrichtung der Briefe.

II Man theilet sie hernach in die natürlichste Ordnung, welche die Sachen von sich selbst geben.

III Endlich lasse man über die Stücke, die man schreiben will, das Herz reden, und schreibe so, wie gute Freunde gegen einander zu denken und zu reden pflegen.

Wir wollen hievon ein practisches Muster sehen. Da wir für Kinder schreiben, so nehmen wir auch einen Innhalt, der ihrem Alter und ihrer Denkungsart angemessen ist.

Fritz, der Sohn eines Landbeamten, schreibt aus der Vacanz an seinen vertrauten Mitschüler zurücke, den Sohn eines Sekretairs. Was er ihm schreiben will, ist dieß:

I Er sey gut nach Hause gekommen.

II Hätte auf der Reise übel Wetter gehabt.

III Genieße viele Lustbarkeiten, und was für eine.

IIII Schicket ihm Früchte.

V Wünscht ihn bey sich zu haben.

VI Versichert ihn seiner Freundschaft.

II Hauptſtück.

Der Brief würde ohngefähr alſo ausfallen.

Mein allerliebſter Karl!

„Ich bin, GOtt lob! recht gut, recht
„geſund nach Hauſe gekommen. Das Wet=
„ter war zwar kalt, neblicht und unangenehm,
„und hinderte mich ſo manches ſchöne Schloß
„oder Dorf, oder ſonſt was, das ich gerne
„von Fern geſehen hätte, mit meinen Augen
„zu entdecken; aber itzt iſt der Himmel auch
„deſto heiterer. Alles iſt ſchön, und ich ge=
„nieße die beſten Tage. Mein Herr Vater
„verſchaft mir zum Lohne meines im Schul=
„jahre angewandten Fleißes alle Unterhal=
„tungen, die er nur glaubt, daß ſie mich ergö=
„ßen können. Geſtern ſind wir auf der See
„gefahren. Wir machten dabey eine recht
„angenehme Muſik, wovon der Wald, und
„das Gebirg von beyden Seiten des Sees er=
„tönten. Kein ſchöners Echo habe ich die
„Tage meines Lebens nicht gehöret. Mit
„Erlaubniß meiner Frau Mutter ſchicke ich
„Ihnen

Von der Einrichtung der Briefe.

„Ihnen hier ein Körblein mit den schmack-
„haftesten Aepfeln und Pfersichen, die heuer
„bey uns ganz außerordentlich gut gerathen
„sind. Nichts geht mir zu Hause zu meinem
„Vergnügen noch ab, als nur Sie, mein lie-
„ber Karl! Wären Sie doch hier, wie wollte
„ich Ihnen nicht alles zeigen, was hier Schö-
„nes zu sehen ist, unsern Garten, und auf
„der Höhe unsers Hauses die See, die immer
„kleine Wellen wirst. Ja, nur Sie gehen
„mir ab, sonst wünschte ich noch lange hier
„zu bleiben. Ich werde doch recht froh seyn,
„wenn ich Sie einmal wieder sehe. O mein
„bester Karl! Machen Sie Sich doch auch
„recht lustig, Sie haben es durch ihren Fleiß
„eben gar wohl und noch mehr verdient, als
„ich. Vierzehn Tage noch, so sehen wir ein-
„ander wiederum. Leben Sie indessen, und
„immer wohl. Ich bin ein für allemal

Ihr

wahrer Freund und
Diener.

Wir wollen noch ein Muster aus Gellerten zergliedern.

Z. E. Ein Freund weiß dem andern nichts Neues zu berichten; er will ihm aber doch schreiben, um sich der Freundschaft desto mehr zu versichern. Er schreibt ihm also,

I Daß er ihn liebe, und hochschätze, dieß, was er ihm schon so oft geschrieben hat,

II Und immer schreiben wird, so lange das Band der Freundschaft dauern soll.

III Diese Art zu schreiben könne guten Freunden nicht anders als angenehm seyn.

IIII Er verspricht sie also auch hinführo beyzuhalten.

Dieß ist der Entwurf des Briefes; der Brief selbst sieht also aus.

Werthester Freund!

„Es ist wahr, meine Briefe an Sie ent-
„halten bey nahe einerley: immer Versiche-
„rungen, daß ich Sie von Herzen liebe, daß
„ich Sie hoch schätze; immer Danksagungen
„und

„ und Wünsche. Aber was kann ich für dieß?
„ Liebte ich Sie weniger, und wären Sie
„ nicht so redlich gegen mich gesinnt: so würde
„ ich nicht beständig von Ihnen und von mei-
„ ner Ergebenheit reden können. So lange
„ Sie also Ihr Herz gegen mich nicht ändern
„ (und wie könnten Sie das?) so stehen Sie
„ beständig in Gefahr einerley Briefe von mir
„ zu lesen. Doch was schadet es? Können
„ Gelehrte in ihren Briefen, ohne es verdrüß-
„ sig zu werden, von nichts als gelehrten Sa-
„ chen reden: so müssen auch gute Freunde
„ von der Freundschaft reden können, ohne
„ dabey müde zu werden. Mögen doch ande-
„ re ihre Blätter mit täglichen Neuigkeiten
„ anfüllen, wir wollen sie mit den Empfin-
„ dungen unsers Herzens anfangen, und be-
„ schliessen. Es ist für mich eine Sache von
„ größter Wichtigkeit Ihr Freund zu seyn,
„ und ich fühle so viel Vergnügen dabey,
„ wann ich Ihnen sage, was ich Ihnen noch
„ viel hundertmal sagen werde: daß ich näm-
„ lich lebenslänglich seyn werde.

Dero 2c. Fr. V.

II Hauptstück.

Frag V Wie schreibt man Briefe an höhere Personen?

Antw. In der Hauptsache auf eben diese Art. Man kann sich die Punkten, die man zu schreiben hat, auf gleiche Art vormerken, dieselbe in eine Ordnung richten, und also niederschreiben, nur die Spräche der Höflichkeit und zuweilen auch der Demuth und Unterthänigkeit nimmt man an, nachdem die Person von Stande ist, an die man schreibt. Niemal redet man aber mit Personen von höherm Stande zu vertraut, und außer den Gränzen der gehörigen Ehrerbiethung.

Wir wollen ein Muster fast von gleichem Innhalte, wie das obige ist, sehen. Wir wollen Fritzen in gleichen Umständen aus der Vacanz an seinen Professor schreiben lassen. Was er ihm schreibt, besteht in folgenden Punkten.

I Daß er gesund bey seinen Aeltern angelangt sey.

II Daß er mit dem mitgebrachten Attestat eine Ehre eingelegt habe.

III Er bedanket sich dafür.

Von der Einrichtung der Briefe.

IIII Freuet sich wieder auf das Schuljahr, und

V Bittet, daß er ihn ferner zum Unterrichte annehmen möchte.

Der Brief selbst würde ohngefähr also aussehen.

Hochedelgebohrner, Hochzuehrender Herr Professor!

„Es ist meine Schuldigkeit Euer Hoch-
„edelgebohrn zu schreiben, daß ich gesund und
„glücklich zu Hause bey meinen lieben Aeltern
„angelangt bin. Mein verschlossenes Atte-
„stat, und Dero Brief überreichte ich ohne
„Verzug meinem Herrn Vater. Er las sie,
„wie ich merkte, mit der größten Aufmerk-
„samkeit, nahm mich bey der Hand, und
„sagte: Mein Kind! GOtt hat dir den be-
„sten Lehrer von der Welt gegeben, der dich
„so sehr liebt, als ich dich liebe. Er ist mit
„dir zufrieden, danke ihm, und bitte GOtt,
„daß er ihn dir lange erhalte. So sagte er,
„und

„ und küßte mich. Hochedelgebohrner,
„ Hochzuehrender Herr Professor!
„ Sie müssen doch was recht Gutes von mir
„ geschrieben haben. Und was unendlichen
„ Dank bin ich Ihnen nicht schuldig! Was
„ für große Mühe haben Sie Sich für mich
„ gegeben! Wie oft haben Sie mich auch
„ außer der Schulzeit unterrichtet! Was für
„ gute Grundsätze haben sie mir beygebracht!
„ Die Tage meines Lebens werde ich diese
„ Gutthaten nicht vergessen. Sie haben es
„ oft in der Schule gesagt, daß nichts so sehr
„ den Himmel durchdringe, als das Gebeth
„ frommer Kinder. Daher bitte ich auch
„ täglich zu GOtt, daß er mir an Ew. Hoch=
„ edelgebohrn meinen liebsten Lehrer lange er=
„ halte, und niemal werde ich aufhören um
„ dieß zu bethen. So gerne als ich auch zu Hau=
„ se bin, so freue ich mich doch wieder auf
„ den Anfang des Schuljahres. Ich werde
„ heuer meinen Fleiß verdoppeln, und auf
„ ihre gute Lehren noch mehr aufmerksam
„ seyn. Der Herr Vater wird sich mit der
„ nächsten Post für Dero höfliches Schreiben
„ be=

Von der Einrichtung der Briefe.

„ bedanken, und zugleich bitten, daß sie mich
„ wiederum so väterlich in die Schule auf=
„ nehmen, wie Sie mich entlassen haben. Sie
„ werden mir ja diese Gnade nicht abschlagen.
„ Ich bitte Sie recht sehnlich darum, und
„ empfehle mich zu Gnaden

Ew. Hochedelgebohrn

gehorsamer Schüler
N.

Frag VI. Werden Briefe, Bittschriften, oder Glückwünschungsschreiben an Personen vom Stande, an Fürsten und Regenten eben auf diese Art eingerichtet?

Antw. Die Hauptsache bleibt immer die= selbe. Nur die Schreibart wird etwas ernst= hafter und weitläuftiger, doch so, daß man die Gränzen des Natürlichen und Ungekünstelten niemal überschreite. Diese Gattung von Schriften

Schriften kann nach der Anleitung einiger Schriftsteller drey Theile haben.

I Die Einleitung oder Veranlassung des Schreibens.

II Den Innhalt oder die Abhandlung.

III Den Beschluß.

Diese Eintheilung kann immer noch gut und natürlich abgefaßt seyn, und sie kann doch endlich auch Anfängern zu einem leichtern Begriffe helfen, was sie in dergleichen Schriften und Briefen sagen, und wie sie es sagen sollen. Wir wollen ein Muster sehen.

Bittschrift.

Durchleuchtigster Churfürst! Gnädigster Herr Herr.

Veranlassung. Euer Churfürstliche Durchleucht richten höchst Dero gnädigste Aufmerksamkeit sonderheitlich auf jene Landeskinder, die sich vor andern auf den hohen Schulen hervor gethan, und durch die Uebung bey Gerichte sich zu höchst Dero
Diensten

Diensten vorzüglich geschickt gemacht haben.

Abhandlung. Eurer Churfürstlichen Durchleucht kann ich also meine unterthänigst gehorsamste Bitte um die durch den Tod des Beamten zu N. erledigte Stelle mit desto größerm Zutrauen in aller Unterthänigkeit vortragen, als ich Höchst Dero gnädigsten Befehle gemäß auf der hohen Schule zu J... die Rechte mit gutem Fortgange studiert, wie es die beyliegenden schriftlichen Zeugnisse beweisen.

Beschluß. Euer Churfürstlichen Durchleucht geruhen von mir gnädigst versichert zu seyn, daß ich mich äußerst bestreben werde mich dieser höchsten Gnade durch meinen eifrigen Dienst würdig zu machen, und in tiefester Ehrfurcht lebenslänglich zu seyn

Euer Churfürstl. Durchleucht

unterthänigst gehorsamster

Für

II Hauptstück.

Für Kinder sind nun dergleichen Bittschriften anfänglich zu schwer. Sie fodern zu viele Vernunft und Erfahrung. Indessen kann es doch nicht schaden, wenn sie wenigstens ein Muster sehen, daß sie nach der Hand nachahmen können. Man muß ihnen aber auch immer in freundschaftlichen Briefen die Puncten dictiren, wenn man sie im Briefeschreiben üben will. Die Selbsterfindung ist noch zu frühe. Genug, wenn sie die dictirten Puncten nur etwas wenig erweitern, und dadurch wenigst einen Begriff bekommen, wie ein gut geschriebner Brief aussehen soll. Nach und nach klären sich die Begriffe immer mehr auf, und es zeigen sich die Früchte von jenem Saamen nach der Hand erst, den man ihnen in den Schulen beygebracht hat.

III Hauptſtück.

Von der Schreibart in Briefen.

Frag I Was iſt die Schreibart?

Antw. Der Ausdruck der Gedanken in einer Schrift heißt die Schreibart.

Frag II Wieviel Gattungen von Schreibarten giebt es?

Antw. Ueberhaupt giebt es zweyerley, eine gute, und eine ſchlechte Schreibart.

Frag III Was begreift die gute Schreibart in ſich?

Antw. Gute Gedanken, und gute Ausdrücke.

Frag IIII Worinn erkennt man eine ſchlechte Schreibart.

Antw. I Sie kann ſchlechte Gedanken vorbringen.

III. Hauptstück.

II Sie kann sich beym Vortrage guter Gedanken schlechter Ausdrücke bedienen.

III Sie kann schlechte Gedanken und schlechte Worte zugleich vortragen, und alsdann ist sie am elendesten.

Frag V Was gehöret vor allen zu einer guten Schreibart?

Antw. Daß man seine Muttersprache gut verstehe, und sowohl regelmäßig als rein schreiben kann.

F. VI Auf was ist vor allen bey einer guten Schreibart zu sehen?

A. Man muß die Worte sowohl, als selbst die Redensarten gut wählen. Zu diesem Ziele vermeide man

I Alle veraltete so wohl, als neugemachte Wörter.

Z. E. Reitpuffer für Pistole, Beinscheide für Stiefel, Farr für Rind.

II Alle Provincialwörter

als z. E. Erchtag für Dienstag, trenzen für weinen u. s. f.

III Alle

Von der Schreibart in Briefen.

III Alle fremden Wörter

Z. E. Proponiren, anstatt Vortragen, Grandezza für Pracht, u. d. gl.

IIII Man brauche nur Redensarten, die gute Schriftsteller brauchen, und brauche sie so, wie sie selbe brauchen. *

> * Hier lasse man sich vor allen durch die gerichtliche Schreibart nicht verführen. Es ist auch gar nicht gut, wenn man dergleichen Schriften oder Briefe der Jugend zur Uebung im Lesen in die Hand giebt.

V Man vermeide alle hochtrabende und schwülstige Redensarten.

> Was ist unerträglicher, als wenn ein Schriftsteller von dem Siege über die Türken saget: Wem ist unbewußt, mit was erstaunlicher Gewalt unsere glücklich siegende Sonne dem wider sich rebellisch aufstehenden Mond die blasse Hörner gestutzet?

VI Man lasse kein nöthiges Wort in einem Redesatze weg; hingegen setze man auch kein überflüßiges.

VII Pedantische Ausdrücke meide man so viel als man kann. Pedantisch heißt, wenn
man

III. Hauptstück.

man ohne Noth Wörter der gelehrten Sprachen brauchet, oder Belesenheit und Kenntniß in Alterthümern, Geschichten, Wissenschaften u. s. f. zeigen will, wo es weder nöthig, noch gut angewandt ist.

   Z. E. Wenn man Jemanden Nestors Jahre, Hercals Tapferkeit u. d. gl. wünschet. Wenn man alle indianische und afrikanische Thiere, Flecken, Gewürze, oder alle poetische Gleichnisse anbringen will. Was ist ungereimter, als folgender Trauerbrief.

   Das Leben der Menschen ist einer Zuguhr nicht unähnlich. Diese läuft vielmal ab, ehe der Zeiger noch Mittag gewiesen. Wie eine Rose verblüht das menschliche Alter, kaum öfnet sich diese, so fällt sie ab. Dessen ist meine jüngst verblichene Schwester zwar eine betrübte jedoch unverwerfliche Zeugina.

VIII Noch mehr vermeide man die gezwungene, affectirte, und mit französisch und lateinischen Wörtern allenthalben ausgespickte Rede. Manche dünken sich weiß nicht wie gelehrt zu schreiben, wenn sie sagen:

   Z. E. Es gereichet mir zu vielem Plaisir von einem Evenement part zu geben. Ich gratulirte mir selbst etwas proponiren zu können, hingegen muß ich depreciren u. s. f.

Von der Schreibart in Briefen. 33

VIIII Man werfe die Redensarten niemal untereinander, daß sie undeutlich werden. Wenn die Sätze gut abgetheilt sind, so können sie nicht anders als deutlich seyn.

> Z. E. Folgender Satz ist sehr verwirret. „So viel mir bewußt ist, so wird mein Vater, nachdem er sein Hauswesen, welches sich seit vielen Jahren her, seitdem er nämlich von Berlin, wo er sich zehn Jahre aufhielt, hier angekommen ist, in einer unordentlichen Verfassung befindet, in Ordnung wird gebracht haben, nach Paris reisen." Viel ordentlicher läuft der Satz: Mein Vater wird nach Paris reisen, nachdem er sein Hauswesen in Ordnung gebracht hat. Es ist selbes seit vielen Jahren her in einer sehr unordentlichen Verfassung, seitdem er nämlich von Berlin zurücke gekommen, wo er sich zehn Jahre aufhielt.

X Man werde in den Sätzen nicht allzuweitläuftig, noch allzu kurz. Ein Kleid, welches dem Manne nicht angemessen ist, läßt nicht gut, es mag hernach zu groß oder zu klein seyn.

XI Endlich müssen die Sätze in einer guten Schreibart wohl verbunden seyn. Es wird aber hier nicht die Verbindung durch die gewöhnliche Bindewörter verstanden, alldieweilen, allermaßen, sintemalen, nachdem, u. d. gl. Vielmehr verbindet man seine Sätze durch eine natürliche Ordnung der Gedanken. Und diese nennt man die Realverbindung.

Wenn ich z. E. einen Brief also anfange: „Nachdem ich, welches Gott gedankt sey, „von meiner Krankheit genesen bin, als er„greife ich die erste Gelegenheit, und nehme „mir die Freyheit Ihnen die erste Nachricht „zu ertheilen, anerwogen, sie allezeit mein „bester Freund und Gönner gewesen sind." Wie viel lebhafter ist der Anfang dieses Briefes ohne dergleichen gehäufte Bindwörter. „Ich „bin durch die göttliche Gnade wieder gesund „geworden, und Sie sind der erste, dem ich „dieß berichte." Sie waren immer mein bester Freund und Gönner u. s. f.

Die gute und schlechte Schreibart kann man nicht besser von einander unterscheiden lernen, als wenn man der Jugend sowohl gute als schlechte Muster vor Augen legt, und mit Fingern auf die Fehler sowohl als auf die Schönheiten einer Schrift zeiget. So giebt sich die Sache von sich selbst, und unvermerkt lernet

Von der Schreibart in Briefen. 35

lernet man das Schlechte meiden, und gewöhnet sich an das Gute.

IIII Hauptstück.
Von dem äußerlichen Wohlstande in Briefen.

Der Wohlstand fodert, daß man einem Briefe auch eine äußerliche Zierde gebe. Wir wollen das Nöthigste hiervon in einer beliebten Kürze hier anfügen.

Frag I Was nimmt man für Papier, wenn man Briefe schreibet?

Antw. I Ein reinliches, und nach Beschaffenheit der Personen, an die man schreibt, auch ein weißer und feineres Papier.

II An Fürsten, Grafen, Standespersonen und Collegien nimmt man die Form in Folio.

An vornehme Gönner auch in Folio, oder doch groß Quart.

An gute Freunde, unsers gleichen, und nidrige kann klein Quart genug seyn.

III Das Papier muß wohl und gleich beschnitten seyn.

IIII Ein am Rande vergoldtes Papier kann man nehmen, wenn man an vornehme Personen schreibt; sonst läßt es affectirt.

V Ein am Rande schwarzes Papier nimmt man, wenn man Trauer hat, und an gute Freunde (nicht aber an vornehmere Personen) schreibt.

Frag II Wo fängt man den Brief zu schreiben an?

Antw. Oben an kömmt der Titel desjenigen, an den man schreibt. Zwischen dem Titel und dem wirklichen Anfange des Briefes läßt man einen merklichen Raum, besonders, wenn man an vornehme Personen schreibt.

II Man schreibt nicht zu weit an den Rand des Briefes hinaus, noch fängt man auch die Zeile am Ecke des Papiers an, sondern man läßt beyderseits einen kleinen Raum.

III Wenn

Vom äußerl. Wohlstande in Briefen.

III Wenn der Brief vollendet ist, so setzet man die Unterschrift nicht gerade an die letzten Zeilen, sondern man läßt einen merklichen Raum, und je vornehmer die Person ist, an die man schreibt, desto tiefer muß die Unterschrift stehen.

Frag III Was ist von den Titulaturen zu merken?

Antw. Man muß genau darauf acht haben; denn damit geschieht am ehesten ein Verstoß. Es ist auch nichts ungereimter, als wenn man die Haupttitel nicht weiß, deren man doch im gemeinschaftlichen Leben immer bedarf. Wir wollen zwar kein förmliches Titelregister hier anbringen; nur das Nöthigste davon wollen wir hieher setzen.

I Es wird ein anderer Titel gebraucht oben an, und ein anderer im Contexte des Briefes selbst. Beyde müssen aber miteinander übereinkommen.

II Neben dem Haupttitel oben, setzet man auch einen Nebentitel.

III. Selbst

III Hauptſtück.

III Selbſt, die Unterſchrift muß nach dem Stande des Haupttituls eingerichtet ſeyn.

Z. E. Der Haupttitel bey einem Landesregenten iſt

      Durchleuchtigſter Churfürſt!

der Nebentitel

      Gnädigſter Herr Herr!

Im Contexte ſchreibt man

  Eurer Churfürſtlichen Durchleucht

Die Unterſchrift

      unterthänigſt gehorſamſter

Hochgebohrner iſt der Haupttitel für Grafen

Hochwohlgebohrner für Freyherren

Wohlgebohrn gehört dem geringen Adel.

Hochedlgebohrn giebt man Hof-Cammer- und andern dergleichen Räthen in Dicaſterien und Collegien, auch Doctorn, Bürgermeiſtern ꝛc.

Hochedl iſt geringer.

Wohledl, iſt noch geringer.

                               Hochge

Vom äußerl. Wohlstande in Briefen.

Hochgelehrt. gehört Doctorn, Professorn und Gelehrten.
Hoch- und Wohlweise steht Rathsherren zu.
Hochwürdig giebt man vornehmen Geistlichen.
Hochehrwürdig
        und
Wohlehrwürdig sind geringer.

Im Contexte saget man zu vornehmen Personen Eure Excellenz, oder Eure Gnaden, nachdem es der Stand mit sich bringt. Die übrigen fliessen aus den Anfangstiteln. Ew. Hochedlgebohrn, Ew. Hochedl, Ew. Wohledl, Ew. Hochwürden, Ew. Wohlehrwürden. u. s. f.

Nebentitel sind nach Standesgebühr, Gnädiger, Hochgebiethender, Hochzuehrender, Hochgeehrtester, Hochgeschätzter, Hochgeneigter, Werthgeschätzter, Werthester. u. s. w.

Unterschriften sind, unterthänigst gehorsamster; unterthänig gehorsamer, ganz gehorsamer, Pflichtschuldigst gehorsamer, Dienst-

III. Hauptstück.

Dienstergebenster, Dienstbereitwilligster, Dienstgeflissenster, bereitwilligster oder bereitwilliger Freund und Diener u. s. f. wovon je einer geringer als der vorhergehende ist.

Alles genau anzuführen würde in diesem Werklein zu weitläuftig, und von deßwegen auch unnöthig seyn; weil ohnehin eine vollständigere Anleitung zur Briefkunst, und andern schriftlichen und auch gerichtlichen Aufsätzen zum Vorscheine kommen wird.

Frag IIII Wo gehört der Name des Orts, oder das so genannte Datum hin?

Antw. Dieß hat seine Stelle zur linken Hand der Unterschrift gegen über, doch so, daß es näher am Ende der letzten Zeile des Briefes kömmt. *

* Kaufleute setzen es gleich oben zur rechten Hand der ersten Seite im Briefe. In Geschäftsbriefen an gute Freunde und Bekannte mag es wohl noch angehen; außer dem strettet es mit dem Wohlstande.

§. V.

Vom äußerl. Wohlstande in Briefen.

F. V Was ist noch bey Briefen zu beobachten?

Antw. Verschiedene Dinge, als;

I In Briefen an Vornehmere setzet man nicht zum Datum oder am Ende des Briefes in Eile: denn es schickt sich nicht; auch werden die eingeschlichenen Fehler durch diese zwey Wörtchen nicht entschuldigt.

II In Briefen an vornehme Personen schickt sich auch kein Postscriptum.

III Der Brief muß vorher mit Streusande etwas abgerieben seyn, sonst drucken sich die Buchstaben auf der andern Seite ab, und werden auch unleserlich.

IIII Wenn der Brief wohl beschnitten ist, so macht man einen Umschlag oder Couvert darüber. Dieß fodert nicht nur der Wohlstand, sondern der Brief selbst erhält sich besser. Niemal nimmt man aber feiner Papier, als bey dem Briefe selbst ist.

V Die

V Die Lage oder der Umschlag des Briefes wird an vornehmere Personen etwas länger und breiter eingerichtet, als bey guten Freunden und geringern Personen.

VI Ordentlicher Weise nimmt man rothes Siegellack. Schwarzes gehört zu Trauerfällen, doch nicht an vornehmere Standespersonen. Oblatt brauchet man nur an vertraute Freunde und geringere Personen.

VII Das Lack muß man nicht zu dick auftragen, berduchern, oder das Papier durchbrennen. Wenn das Lack gut ist, so reibt man es fest am Papiere ab, so bekömmt es eine schöne Röthe.

VIII Die Sieglung der Briefe an vornehmere Personen darf mit keinem allzugroßen Pettschaft geschehen, oder man druckt dasselbe nicht vollkommen aus.

VIIII Schreibt man in eignen Angelegenheiten, oder an vornehmere Personen, so hält man die Briefe Franco und Postfrey. Das cito

cito und citissime schicket sich nicht wohl. Es erreicht auch nicht leicht seine Absicht.

X Auf der Ueberschrift muß endlich alles Lächerliche und ungereimte vermieden werden. Das gewöhnliche: Dieser Brief zukomme, kann auch gar wohl ohne Nachtheil der Ueberschrift wegbleiben; denn man weiß es von sich selbst, daß der Brief demjenigen zukommen soll, an den er geschrieben ist. Meistentheils bedienet man sich französischer Titel, und dieß wegen der Kürze. Die deutschen Titeln messen sich nach den oben angezogenen Titulaturen, und den Ständen der Personen, an die man schreibt. Alles Uebrige lehret die Uebung und die gute Erziehung von sich selbst.

Brief-

Briefwechsel
von und zwischen Kindern.
oder
Muster
von Briefen zur Uebung für Kinder.

I Brief.
Karl berichtet dem Fritz, daß er krank sey.

Lieber Fritz!

Ich bin krank, recht sehr krank, und werde wohl ein Fieber bekommen. Mein Vater, meine Mutter, und selbst der Doctor vermuthen es. Ach! wenn sie doch so gütig seyn, und zu mir kommen möchten! Fürchten Sie sich nicht. Ich habe keine erbliche Krankheit. Wollte GOtt! daß ich doch schon wieder gesund wäre, wie gerne wollte ich mit ihnen in die Schule gehen! Wie viel Schönes werde ich nun nicht hören, das Sie hören. Doch ich hoffe, daß Sie mich besuchen werden; und da sollen Sie mir alles erzählen. Ich will Ihnen zuhören, und wenn ich auch noch so krank seyn sollte. Ich kann kaum mehr schreiben, so krank bin ich. Leben Sie wohl. Ich bin 2c. 2c.

II Brief.

Antwort auf den vorigen. Fritz entschuldiget sich, daß er nicht kommen kann.

Ach, mein lieber Karl, die Wasser sind so sehr angelauffen, daß ich heute nicht zu ihnen gehen kann. Werden Sie nicht böse! Sie dauren mich recht. Ich habe schon seit gestern, da ich ihren lieben Brief empfieng, so viel um Sie geweinet, daß ich rothe Augen habe. Ihre Krankheit ist doch nicht gefährlich, wie mir

mein

mein Vater saget, der Himmel gebe, — daß
sie es auch nicht werde. Morgen, wenn sich
das Gewässer legt, sehen wir einander. Daß
Sie Sich doch besser befänden als heute! Ich
hoffe es, und bin ꝛc.

III Brief.

Fritz schreibet seiner Schwester; er freuet sich
ihrer glücklichen Ankunft in L‥; vernachrichtet ihr, daß Karl das Fieber gehabt habe,
erzählet ihr von einem schönen Buche, und
erinnert sie ihres Versprechens, ihm auch
eines zu überschicken.

Liebe Schwester!

Nun bin ich wieder vergnügt, recht sehr
vergnügt, weil du glücklich in L‥ angekom-
men bist, weil es dir daselbst wohl gehet, und
weil Karl wieder gesund ist. Du weist es doch,
daß Karl ein Fieber gehabt hat. Ja! ein
recht gefährliches Fieber hat er gehabt. Aber
GOtt sey Dank, daß er nun wieder gesund ist,
und daß ich ihn wieder besuchen darf! Denke
nur liebe Schwester, länger als vierzehn
Tage

Tage ist es, daß ich nicht habe zu ihm gehen dürfen. Der Herr Vater wollte es nicht haben. O wie langsam und traurig sind mir diese Tage verstrichen! und wie viele Thränen habe ich um meinen lieben Karl vergossen! Nun ist diese traurige Zeit vorbey, und nun wollen wir uns auch wieder miteinander freuen, und GOtt danken. Sein lieber Herr Vater hat ihn mit einem recht schönen Buche beschenket; weil er sich in seiner Krankheit so bescheiden und so geduldig bezeiget hat. Es sind biblische Historien. Wir lesen jedesmal eine, auch zwo, wenn ich ihn besuche, und wenn ich nach Hause komme, so erzähle ich dem Herrn Vater, und der Frau Mutter wieder, was wir gelesen haben, und dann freuen sie sich darüber. Gestern hat mir der Herr Vater einen schönen Thaler geschenket, weil ich ihm die Historie vom Absalon so genau und fertig erzählen konnte. Du wirst zwar diese Historie selbst mehr als einmal gelesen haben. Aber kannst du denn auch die schönen Verse, die in Karls Buche stehen? Sie heissen so:

Kommt, Kinder, kommt, ich will euch einen
  Eichbaum zeigen.
Kommt her, und seht, er trägt gar eine seltne
  Frucht!
Ein königlicher Prinz hängt an den grünen
  Zweigen;
So läuft es endlich ab, wenn GOTT ein Kind
  verflucht;
Betrachtet ihn recht wohl, er wird euch deutlich
  lehren,
Daß ihr den Vater sollt, und auch die Mutter
  ehren.

Aber weist du auch noch was? Mein Herr Vater hat mir gesagt, du würdest mir ein recht sehr schönes Buch schicken. Thu es doch, liebe Schwester! Ach, thu es doch bald! Ich freue mich sehr darauf. Wenn ich größer werde, so sollst du auch einmal etwas von mir bekommen. Jetzt wüßte ich nicht, was ich dir schenken sollte; Lebe wohl, werthe Schwester! Ich bin

  dein

      lieber Bruder.

IIII Brief.

IIII Brief.

Antwort auf den vorigen; Lisette schicket Fritzen das versprochene Buch.

Lieber Fritz!

Was hast du mir durch deinen schönen Brief für eine ungemeine Freude gemacht. Ich danke dir vielmals dafür. Hätte ich doch nicht geglaubt, daß mein lieber Bruder einen so schönen Brief schreiben könnte. Hier ist das schöne Buch, von welchem dir der Herr Vater schon gesagt hat. Wie wirst du dich über den feinen Band, den es hat, freuen! Aber ich weiß gewiß, deine Freude über die schönen Sachen, die darinnen stehen, wird jene weit übertreffen. Nun hast du auch ein schönes Buch, in welchem Karl mit dir lesen kann, wenn er dich besuchet. Grüße den Karl von meinetwegen, und schreibe mir bald wieder. Unsere liebe Base läßt dich vielmals grüßen. Sie nennet dich nur ihren lieben Fritz, und redet beständig von dir. Lebe wohl, ich muß in die Küche gehen, und kann dir für dießmal mehr

mehr nicht schreiben. Lebe nochmal wohl, ich bin

deine

treue Schwester.

V Brief.

Fritz vernachrichtet dem Karl, daß ihm seine Schwester ein schönes Buch geschicket, und ersuchet ihn, er möchte zu ihm kommen.

Liebster Karl!

Geschwinde kommen Sie zu mir, geschwinde! Meine liebe Schwester hat mir das schöne Buch geschickt, das mir mein lieber Herr Vater versprochen hat. Es stehen so artige Sachen darinnen, daß man gar nicht wieder davon kommen kann, wenn man einmal zu lesen angefangen. Es sind Fabeln und Erzählungen, die ein berühmter und gelehrter Mann in M... gemacht hat. Alles in Versen, welche sich so schöne lesen lassen, daß ichs Ihnen nicht genug sagen kann. Wenn ich wüßte, daß mein guter Karl itzt nicht kommen könnte;

so

so wollte ich ihm hurtig eine so schöne Fabel abschreiben. Aber ich will lieber, daß Sie selbst kommen, und Sich mit mir freuen mögen. Nun wollen wir uns die Zeit recht hübsch vertreiben. Kommen Sie doch, liebster Karl! Ich bitte Sie, kommen Sie ja heute noch! Hören Sie es? Ich bin ꝛc. ꝛc.

VI Brief.

Beschreibung des Frühlings. Karl ladet den Fritz in den Garten ein.

Gestern bin ich mit meinem lieben Herrn Vater, und Frau Mutter das erstemal wieder in unserm vor der Stadt liegenden Garten, und dem daran stossenden Busche gewesen. Ich glaube wirklich, daß ich in meinem Leben so viel Vergnügen nicht empfunden habe, als an diesem Tage. Ach! wie so schön ist es doch, daß der traurige Winter vorbey, und der liebliche Frühling wieder da ist. Gewiß, mein lieber Herr Vater hat Recht, wenn er den Winter ein Bild des Todes, und den Frühling ein Bild unserer künftigen Auferstehung nennet.

Denke nur selbst einmal, sagte mein Vater, als wir so im Garten herumspazierten, an die öde und wüste Gestalt zurück, welche die Erde noch vor einem Monathe hatte. Die Felder und Gärten schienen ganz todt, und alle Pflanzen und Bäume, selbst die Vögel schienen erstorben zu seyn. Jetzt aber lebet alles wieder auf. Tausend schöne Pflanzen steigen gleichsam aus ihren Gräbern mit einer verjüngten und frischen Schönheit hervor. Die Vögel stellen sich nun allmählig wieder ein, die, als rauhe Winde unsere Felder zu bestreichen anfiengen, von uns zogen, und in wärmere Gegenden wanderten, wo ihnen die gelindere Witterung Insekten und Körner zu ihrer Nahrung anbot. Die Dohle, der Staar, der Finke, die Bachstelze, und andere mehr lassen sich nun wieder sehen. Sie wissen, nach dem Ausspruche des Propheten, genau ihre Zeit, wenn sie abreisen, und wieder kommen sollen, und beobachten sie. Die Lerche sonderheitlich hebet sich in die Lüfte, und singet dem Schöpfer im Tempel der Natur freudige Loblieder. Und wir

von und zwischen Kindern.

wir wollten, da sich alles rings um uns herum ihm zu Ehren schmücket, und da die Büsche und Wälder ihre Concerte hören lassen, allein stumm bleiben?

Diese, und noch mehrere schöne Betrachtungen machte mein lieber Herr Vater, während dem wir in unserm Garten auf und nieder giengen. Mir fielen dabey einige Verse aus einem Gedichte ein, welches vom Lobe der Güte GOttes handelt, und welches ich fast ganz auswendig kann. Ich sagte sie her, und wie ich damit fertig war, schloßen mich mein Herr Vater und Frau Mutter in ihre Arme vor Freuden, und nannten mich ihren lieben Karl. Ach! was ich da vergnügt gewesen bin, das kann ich Ihnen gar nicht beschreiben. Ich will Ihnen doch die Verse abschreiben, die ich hergesagt habe. Sie heisen so:

So weit der Himmel reicht, reicht auch dein Gnadenflügel,
Der, was du schufst, trägt, schützt, und deckt.
Dir haucht die Flur ein Lob; für Freuden jauchzt der Hügel,
Wenn ihn die Morgenröthe weckt.

Der Wald wird ganz Concert. Ihr Haupt er-
hebt die Eiche.
Der kleine Sänger baut sein Haus.
Ein jedes Fäserchen im grosen Pflanzenreiche
Streut dankend die Gerüche aus.

Dein Hauch belebt den Fluß, und seine nassen
Kinder
Unzählger Arten dankens dir.
Dir brüllt der Löw ein Lob; dir blöcken Schaaf und
Rinder,
Gereizt von innrer Dankbegier.

Der Mensch nur, grosser GOtt! säumt deinen
Ruhm zu mehren,
Da Berg und Thal dein Lob vermehrt,
Und dich der stolze Lauf erhabner Himmelssphären
Mit süssen Symphonien ehrt!

Was ist, o GOtt! der Mensch, daß du noch
an ihn denkest?
Was ist ein schwaches Menschenkind,
Daß du dein Auge noch auf seine Ohnmacht lenkest;
Daß es noch vor dir Gnade findt.

Erstaunen nimmt mich ein! ich falle dir zu Füssen,
Und preise dich mit Herz und Mund.
Ihr Erdengötter, kommt, vor ihm den Staub zu küssen,
Und macht des Höchsten Langmuth kund.

Ich habe meinen lieben Herrn Vater gebeten, mich öfter mit in Garten zu nehmen, und er hat mir nicht nur dieses versprochen, sondern auch gesagt, daß er mir bey jedesmaligem Spaziergange etwas aus der Natur erklären wollte. Aber, lieber Herr Vater, sagte ich darauf, wollen Sie nicht erlauben, daß ich ein andermal den Fritzen mitnehmen darf? Er hört auch gerne von solchen schönen Sachen reden. Ich möchte ihm gerne die Freude gönnen. Von Herzen gerne, antwortete er, du kannst ihn allemal mitnehmen. Und nun, lieber Fritz, freue ich mich auf einen jeden schönen Tag noch mehr, als sonst. Was wollen wir uns nicht für Freude machen! Wie viel schöne Blümchen wollen wir uns suchen, und dem guten Schöpfer für alle seine Güte danken!

danken! Die schönen Veilchen, die Ihnen unsere Magd mitbringet, habe ich alle selbst gesucht, um Ihnen eine Freude damit zu machen. Leben Sie wohl, mein lieber Fritz! ich bin ohne Aufhören

Ihr

treuer Karl.

VII Brief.

Eine Schwester schreibet ihrem Bruder, lobet seinen Fleiß, und muntert ihn auf, also fortzufahren.

Lieber Bruder!

Die Frau Mutter hat mir geschrieben, daß du dich recht wohl befändest, und daß du über die maßen fleißig wärest. Ueber diese gute Nachricht von meinem lieben Bruder habe ich mich nicht genug erfreuen können. Und wie vergnügt deine liebe Base darüber war; das Fritz, das kann ich dir gar nicht beschreiben. Sie nennet dich nur ihren kleinen Studenten,

und

und hat dir schon das beste Stübchen in ihrem Hause zu deiner künftigen Wohnung ausersehen. Unlängst sagte sie zu mir, wenn unser Fritz in seinem Fleiße so fortfähret; so kömmt er, ehe wirs uns versehen, mit dem Degen an der Seite als Student hier an, und da muß ich wohl für den kleinen Gelehrten beyzeiten eine Stube bereit halten. Siehe, mein lieber Bruder, das sagte sie. Welche Ehre für dich! aber fleißige Kinder verdienen auch solche Ehre und so viel Lob. Die Faulen und Unartigen hingegen erhalten sie nicht, weil sie keiner werth sind. Fahre also fort, mein lieber Bruder, fleißig zu seyn, und denke oft an das alte, und dir wohlbekannte Sprichwort:

Der Mensch ist zur Arbeit gebohren, wie der Vogel zum Fluge.

Deine liebe Base läßt dich vielmals grüßen. Du glaubst es nicht, wie sehr sie dich liebt! Du bist aber auch ein gutes Kind, und mein sehr lieber Bruder, und ich bin

Deine

getreue Schwester.

VIII

VIII Brief.

Antwort auf den vorigen.

Ich habe deinen Brief mit der innigsten Freude gelesen; aber ich kann dir itzt nicht viel darauf antworten, weil ich wenig Zeit dazu habe. Wir haben morgen unser Schulexamen, und da muß ich mich heute noch recht darauf zubereiten, damit ich wohl bestehe. Wenn dasselbe vorbey ist, will ich an meine liebe Base schreiben, und mich vielmals bedanken, daß Sie so gütig gegen mich ist, und mich so lieb hat. Ja, das will ich thun; und ich will auch recht fleißig seyn. Das bitte ich dich ihr zu sagen, und ihr in meinem Namen die Hand zu küssen. Lebe wohl, meine liebe Schwester. Karl läßt dir alles Glücke wünschen, ob du schon nicht an ihn gedacht hast. Ich aber bleibe

Dein

dich allezeit liebender Bruder.

VIIII

VIII Brief.

Ferdinand berichtet dem Christian seine Reise nach M.

Mein lieber Christian!

Wissen Sie was neues? Morgen, und die ganze Woche, und noch länger, werden Sie mich nicht in der Schule sehen. Und wissen Sie auch, warum? Mein lieber Herr Vater will mich zur Duldzeit mitnehmen, und morgen sehr frühe werden wir abreisen. Das habe ich Ihnen melden wollen. Denken Sie nur, wie vergnügt ich seyn müsse! Ja, lieber Christian, ich bin recht sehr vergnügt. Nicht darüber, daß ich nun so lange nicht in die Schule gehen darf, dieß wäre gewiß sehr garstig von mir! Nein! nur faule und unartige Kinder freuen sich, wenn sie die Schule versäumen können, und so bin ich nicht. Sie wissen es auch wohl, daß ich mit Freuden in die Schule gehe. Nur deßwegen freue ich mich so darauf, daß ich nun einmal erfahre, wie es eigentlich da aussiehet und hergehet, wo die so
genann-

genannte Duldzeit ist. Das habe ich mir schon lange zu sehen gewünschet. Wie ich immer gehöret habe, so soll man zu solcher Zeit in M. viel Neues sehen, und hören können. O wenn es doch nur dießmal auch so wäre! Ich wollte Ihnen alles schreiben. Ja! das wollte ich thun; Nun, nun! ich denke immer, es wird auch itzt an Neuigkeiten nicht fehlen, und da verlassen Sie Sich nur auf mich. Sie sollen alles erfahren. Leben Sie wohl, lieber Christian. Ich wünsche von Herzen, daß ich Sie gesund und vergnügt wieder sehen möge, und bleibe auch abwesend

Ihr

treuer Ferdinand.

X Brief.

Von eben demselben. Beschreibung der Duldzeit in M.

Mein lieber Christian!

Leben Sie denn noch? Sind Sie auch noch gesund und vergnügt, und denken Sie auch an mich?

mich? O, ja! das thun Sie. Ich weiß es ganz gewiß. Aber doch können Sie unmöglich so oft an mich, als ich an Sie denken. So oft ich was Neues, oder was Schönes sehe; so oft fallen Sie mir auch ein, und so oft wünsche ich auch: Ach! wenn doch mein lieber Christian bey mir wäre! Aber es hilft mir doch alles Wünschen nichts, und daher will ich lieber von dem, was ich sehe und höre, Ihnen schriftlich etwas mittheilen, das wird das Beste seyn. Nicht wahr?

Nun weiß ich, liebster Christian, nun weiß ich, was die so genannte Duldzeit in M. seye. So habe ich mirs nicht vorgestellet, und so werden Sie Sichs ebenfalls nicht vorstellen können. Das ist ein ganz anderer Jahrmarkt, als unsere Jahrmärkte sind. Ueberall, mein guter Christian! überall siehet man große Gewölbe und große Buden voll lauter schöner Sachen, von denen allen ich gern etwas haben möchte, und Ihnen auch wünschte; und überall siehet man Menschen, überall Menschen, die

die

die großen Straßen auf und nieder gehen, und vor aller Menge und Fahren und Reuten einander kaum ausweichen können. Wenn Sie nur hier seyn, und mit mir einmal zum Fenster hinaussehen sollten. Wie würden Sie nicht lachen! Es läßt doch auch nicht anders, wenn man die vielen Menschen so hin und her untereinander herumlaufen siehet, als wenn sie alle verwirrt wären. Noch etwas muß ich Ihnen doch erzählen. Wir waren kaum eine Stunde hier, als ich zwo Personen zu Pferde nahe an unserer Wohnung stille halten sah. Der eine Mann gieng sehr gut und vornehm gekleidet, der andere aber war so buntscheckicht angezogen, wie man die Narren abzumalen pfleget, und hatte sich mit schwarzer Farbe einen garstigen großen Schnurrbart gemacht. Dieser häßliche Mensch lockte durch seine narrische Gebärden, Figuren und Reden in kurzer Zeit eine Menge Bauern, und ander Volk zusammen. Sehen Sie doch, lieber Herr Vater, rief ich, sehen Sie doch, was sind denn das für Leute? Der vornehm gekleidete Mann ist ein Arzt, und der andere ist

sein

von und zwischen Kindern. 63

sein Narr, antwortete er mir. Ist denn, fragte ich, der arme Mensch würklich närrisch? Sehen Sie doch, wie garstig er thut! Nein, war seine Antwort, er ist vielleicht noch klüger, als der, dem er als ein Narr dienet; aber um eines schnöden Gewinnstes willen, mißbrauchet er die ihm von seinem Schöpfer verliehene Vernunft, um die Einfältigen lachend zu machen, und sie zur Annehmung der Arzney seines Herrn herbeyzulocken. Ich dächte, lieber Herr Vater, sagte ich, wenn die Sachen dieses Mannes gut wären, so brauchte er nicht im Lande herumzuziehen, und sie auf eine solche gar nicht hübsche Art auszubieten. Mein Herr Vater lachte, und gab mir recht. Die meisten so herumziehenden Aerzte, fuhr er fort, sind Betrüger, die dem armen einfältigen Bauersmann durch ihre Marktschreyereyen das Geld abnehmen. Ich wollte ihn noch fragen, warum man ihnen dieses gestattete; aber er wurde zu seinen Geschäften gerufen. Seit gestern und heute habe ich noch mehr dergleichen Männer herumreiten sehen; aber es ist mir niemals

mals die Lust ankommen, mit hinzutreten, und ihr närrisches Zeug anzuhören. Ich glaube, daß derjenige eben eine so große Sünde thut, der Gefallen an den Possen eines solchen niederträchtigen Menschen hat, als derjenige begehet, der selbst den Narren vorstellet.

Ich muß hier abbrechen, mein lieber Christian! meine Finger thun mir ganz weh, so viel habe ich geschrieben; aber ich habe es doch gern gethan, um Ihnen ein Vergnügen zu machen. Schreiben Sie mir doch auch einmal. Meine Mutter wird mir ihren Brief mit Vergnügen schicken. Wenn ich Zeit habe, so sollen Sie gewiß noch einen Brief von mir erhalten. Ich bin Ihnen gar zu gut. Wenn Sie nur bey mir seyn könnten! dieß Vergnügen wünschte ich mir! Indessen leben Sie wohl, mein lieber Freund. Ich bin

Ihr

beständig treuer Ferdinand.

XI Brief.

XI Brief.

Antwort auf den vorigen. Christian verlangt von dem Ferdinand eine Nachricht von dem Löwen, der in M. zu sehen ist.

Mein guter Ferdinand!

Was für ungemeine Freude haben Sie mir durch Ihre Neuigkeiten gemacht! Lieber Ferdinand! und Sie versprechen mir mehr zu schreiben? Wie freue ich mich! Aber wissen Sie auch, wovon ich herzlich gerne eine gewisse Nachricht hätte? Ich wills Ihnen sagen. Von dem großen Löwen, der in M. zu sehen seyn soll. Bitten Sie doch Ihren lieben Herrn Vater, daß er Sie diesen König der vierfüßigen Thiere sehen lässet. Sie wissen es doch, daß man den Löwen mit diesem prächtigen Namen beleget? Ja, aber wissen Sie auch, warum? Weil er königliche Eigenschaften hat. Er ist das mächtigste, das stärkste und streitbarste unter allen vierfüßigen Thieren. Man sagt, daß alle Thiere erschrecken, und sich verkriechen, wenn er brüllet; so majestätisch und furchtbar soll seine Stimme seyn. Brüllend gehet er nach

Raub aus, und mit beständigem Brüllen zerreisset er auch denselben. Er soll auch sehr großmüthig seyn. Man versichert von ihm, daß wenn ihn auch am heftigsten hungere, und der Mensch, oder das Thier, das ihm zu nahe kömmt, lege sich nieder auf die Erde, und demüthige sich vor ihm, so soll er großmüthig vorbeygehen, und ihm nichts thun. Ich möchte ihm aber doch nicht zu nahe kommen. Ueberhaupt übt er lauter große und königliche Thaten aus, und macht sich nicht leicht an ein kleines und schwaches Thier, sondern an große und an solche, die sich ihm widersetzen können. Die Löwinn soll viel grimmiger und reissender seyn, als das Männchen, vornämlich wenn sie Junge hat. Mein Herr Vater hat zu verschiedenen malen einige gesehen, und hat mir gestern Abends viel davon erzählet. Er fragte mich, ob ich aus den biblischen Geschichten sagen könnte, welche Männer Löwen erleget hätten? Und als ich ihm hurtig darauf antwortete: Simson, David, und Benaja, einer von den Helden Davids; und ihm auch die Geschichte

vom

von und zwischen Kindern.

vom Daniel, welcher in den Löwengraben geworfen worden, erzählete; so freuete er sich darüber. Was mir sonst noch mein lieber Herr Vater von andern großen Thieren gesagt hat, das will ich Ihnen erzählen, wenn Sie mich das erstemal wieder besuchen werden. Itzt muß ich eilen, daß ich noch vor der Schule Ihrer lieben Frau Mutter den Brief geben kann. Kommen Sie ja bald wieder, lieber Ferdinand! Sie glauben nicht, wie lang mir bis hieher meine Freystunden ohne Sie geworden sind. Aber seyn Sie nur erst wieder da; so sollen sie mir auch desto kürzer werden. Leben Sie wohl, recht wohl! dieß wünschet Ihnen

Ihr

guter Christian.

XII Brief.

Fritz schreibt an seine Base, bedauret es, daß sie krank ist, und wünscht ihr eine baldige Genesung.

Hochgeehrteste und liebe Base!

Wie sehr bedaure ich Sie, daß Sie Sich nicht wohl befinden! und wie sehr betrübt bin ich, daß ich Ihnen nicht helfen kann! Ja, meine liebe Base, wenn ich wüßte, daß Sie durch meine Thränen gesund werden könnten; ich wollte ganze Tage weinen, so sehr schätze ich Sie. Doch ich glaube gewiß, GOtt wird mein Gebeth für Sie erhören, und Ihnen helfen. Denn, liebe Base, so oft ich für Sie bethe; so oft ist mir in meinem Herzen nicht anders, als ob jemand zu mir sagte: deine liebe Base stirbt nicht, Sie wird gewiß wieder gesund werden; und alsdann bin ich so vergnügt in mir selber, als wenn ich gar nicht wüßte, daß Sie krank wären. Ich habe dieses heute meiner Frau Mutter gesagt, und als ichs ihr sagte, giengen ihr die Augen über. Ich wollte

wollte Ihnen gerne noch mehr schreiben; aber ich befürchte nur, Sie möchten itzt, weil Sie krank sind, nicht gern lange Briefe lesen. Ich wünsche Ihnen von ganzem Herzen, daß Sie bald wieder gesund werden, und zu uns kommen mögen, und bin Ihr gehorsamer, aber auch betrübter Fritz.

XIII Brief.

Ein armer Student wünschet seinem Vetter, der ein ansehnlicher Bürger ist, zu seinem Geburtstage Glück.

Hochedler
Hochzuehrender Herr Vetter!

Wenn ich gleich nicht so glücklich wäre, ein naher Verwandter von Euer Hochedlen zu seyn, so würden mich schon die vielfältigen Wohlthaten, welche ich von Denenselben zu genießen das Glück gehabt habe, verbinden, den Himmel für die Erhaltung eines für mich so kostbaren Lebens anzuflehen. Euer Hochedlen sind die einzige Stütze meiner Dürftigkeit; ich würde ohne derselben Unterstützung mein Studiren

diren nicht fortsetzen können. Schließen Sie hieraus, mit welcher Innbrunst ich dem Höchsten ein Dankopfer bringe, so oft ich demselben für die Erlebung Dero Geburtstages danken kann. Beurtheilen Sie selbst das Vergnügen, mit welchem ich Ihnen gegenwärtig zu diesem frölichen Tage Glück wünsche. Ich bitte GOtt inständig, daß ich diesen Glückswunsch noch oft wiederholen könne; und wenn ich mir auch nicht schmeicheln dörfte, daß meine Wünsche wirksam genug wären, so will ich sie doch in meinem ganzen Leben für Dero Erhaltung fortsetzen, und nie aufhören zu seyn

Eurer Hochedlen

ganz gehorsamster.

XIII Brief.

Glückswunsch zum Namenstag.

Liebster Karl!

Die Wiederkunft Ihres werthen Namenstages erinnert mich der Pflicht, Ihnen meinen treuen

treuen Wunsch abzustatten. Sie wissen es, daß ich an allem, was Ihnen begegnet, grossen Theil nehme; Sie können Sich also versichern, daß mir der heutige Tag immer einer der angenehmsten des ganzen Jahres ist. Ich bitte den Höchsten, welcher alle unsere Tage zählet, daß er Ihnen verleihe, dieses Fest bis in die spätesten Zeiten freudigst zu begehen, daß ich folglich noch lange das Vergnügen haben möge, Dero Freundschaft zu genießen. Scheint Ihnen ein Herz, welches von Freundschaft, Liebe und Hochachtung gegen Sie ganz voll geworden ist, nicht gleichgültig: so nehmen Sie es aufs neue statt eines Gebindnisses an. Lieben Sie mich nur, vielleicht erlebe ich noch einst das Glück, Ihnen in der That zu bezeugen, daß ich dieser Liebe nicht ganz unwürdig sey. Ich beharre mit der zärtlichsten Freundschaft

Dero

getreuer Freund.

XV. Brief.

XV Brief.

Glückwunsch zur Wiedergenesung von einer Krankheit.

Liebste Base!

Ich weiß keine Ausdrücke, Ihnen die Freude zu beschreiben, welche ich wegen der Genesung von Ihrer so gefährlichen Krankheit empfinde. So ist, GOtt Lob! endlich mein Gebeth erhöret! Liebste Base! wenden Sie aber nun alles an, was die Dauer Ihrer Gesundheit befördern kann: denn ich glaube nicht, daß ich Kräfte genug habe, so eine Betrübniß, als mir ihre Krankheit verursachte, noch einmal ertragen zu können. Ich glaubte selbst dem Ende meines Lebens nahe zu kommen, als ich hören mußte, daß das Ihrige in so großer Gefahr stünde. Dem Höchsten sey Dank, daß es sich gebessert hat! Ich freute mich darüber vom Grund der Seele, und wünsche, daß Sie die übrigen Tage, welche Ihnen noch zum Leben vom Himmel bestimmet sind, in bester Gesundheit zurücke legen mögen. Ich hoffe, der
gütige

gütige GOtt werde meinen Wunsch erfüllen, so wie er mein Gebeth für ihre Genesung erhöret hat. Ich bin mit aller Hochachtung

Dero

gehorsamer Fritz.

XVI Brief.

Der Sohn bedauret seinen Vater wegen einer zugestossenen Krankheit.

Liebster Herr Vater!

Die traurige Nachricht von der Ihnen ganz unvermuthet zugestossenen Krankheit rühret mich aufs schmerzlichste; GOtt wende doch von Ihnen alle Gefahr in Gnaden ab, und erfreue Sie bald mit seiner gnädigen Hilfe! Es geht mir dabey nichts so nahe, als daß ich zu weit entfernet bin, um meinem liebsten Herrn Vater an die Hand zu gehen, oder einige Hilfe leisten zu können. Ich weiß zwar, daß es an dienlichen Arzeneyen, und an nöthiger Wartung nicht fehlen werde; ich kann aber kaum hoffen, daß sich jemand so sorgfältig um Dero Genesung

sung beeifern dörfte, als ich. Wem kann auch wohl Ihre Gesundheit mehr am Herzen liegen, als Ihrem einzigen Sohne? Vor Wehmuth bin ich ausser Stande, was mehreres zu schreiben. Ich empfehle Sie dem lieben GOtt, und unter innbrünnstiger Anrufung seiner gnädigen Hilfe verbleibe ich

Meines liebsten Herrn Vaters

treuer Sohn.

XVII Brief.

Ein Student giebt einem Bürgermeister Nachricht von der gefährlichen Krankheit seines Sohnes.

Hochedelgebohrner,
Hochzuehrender Herr Bürgermeister!

Euer Hochedelgebohrnen lieben Dero tugendhaften Herrn Sohn viel zu zärtlich, und meine Freundschaft gegen denselben ist viel zu groß, als daß ich Ihnen bey diesen Umständen keine Nachricht geben sollte. Es ist wahr, diese Nachricht fasset nicht viel Angenehmes in sich; aber

aber ich muß sie doch schreiben, um nicht von Ihnen Vorwürfe zu verdienen. Den Herrn Sohn, in dessen Stubengesellschaft ich schon einige Zeit mit Vergnügen zugebracht habe, überfiel vor drey Wochen ein sehr heftiges Fieber. Man wendete sogleich alle Mittel an, die gegen diese Krankheit für dienlich gehalten werden. Die vorgeschriebenen Arzeneyen waren auch im Anfange so glücklich, daß man an der baldigen Genesung des Kranken nicht zweifelte. Er verlangte so gar schon das Bette zu verlassen. Allein, seit einigen Tagen kam die Krankheit mit so heftigen Anstößen wieder, daß ich nicht ohne Furcht bin ein trauriges Ende derselben zu sehen. Vielleicht ist noch einige Hoffnung übrig. Doch, wenn ich Euer Hochedelgebohrnen berichten müßte, daß dieser liebenswürdige Freund in die ewige Ruhe eingegangen wäre, so glaube ich doch, Vernunft und Religion würde Sie auch ohne meiner trösten können. GOtt, der beste Arzt, wolle helfen, und Ihnen bey allen Fällen die Gelassenheit schenken, die nur allein das Vertrauen auf ihn wirken

ken kann. An Pflege und Wartung fehlet es dem Kranken nicht, und wenn er dadurch zu erhalten stünde: so wird ihn gewiß Euer Hochedelgebohrnen, bald wieder gesund sehen. Ich werde den Ausgang mit nächstem ausführlicher berichten, und ich verbleibe mit aller Hochachtung.

Euro Hochedelgebohrnen

gehorsamer Diener
N. N.

XVIII Brief.

Nachricht von dem Absterben seines Vaters an einen Verwandten.

Liebster Herr Vetter!

Gestern Abends hat es dem HErrn über Leben und Tod gefallen, meinen lieben Vater, nach einer sechs Tage lang ausgestandenen Brustkrankheit im 60ten Jahre seines Alters aus dieser Welt abzufodern. So wie dessen Verlust für mich unersetzlich ist: so ist auch meine Betrübniß

trübniß bey diesem traurigen Vorfalle ausserordentlich. Ich halte es für meine Schuldigkeit, meinem liebsten Herrn Vetter von diesem Todesfalle Nachricht zu geben. Ich empfehle mich zu beständiger Gewogenheit, und beharre

Ihr

treuer Vetter
N. N.

XVIII Brief,
Antwort auf den vorigen.

Liebster Vetter!

Der Verlust, den Sie durch den Tod ihres Herrn Vaters erlitten haben, erfüllet mich mit der empfindlichsten Betrübniß. Man muß gewiß sehr standhaft seyn, um einen so harten Stoß auszuhalten, ohne davon niedergeschlagen zu werden. Sie haben zwar noch keinen von dieser Gewalt jemals empfunden, aber sie sind doch nicht so ganz unbekannt mit Widerwärtigkeiten, daß Sie nicht sollten gelernet haben, Sich den Fügungen GOttes zu unterwerfen.

werfen. Dieß ist allezeit meine einzige Zuflucht in meinem Unglücke gewesen; und ich wünsche, daß sie es in Ihrer gegenwärtigen Betrübniß auch seyn möge. Ich bin

Ihr

treuer Vetter
N. N.

Diese sind nun Muster von Briefen, deren Innhalt und Materie der Denkungsart der Kinder angemessen sind. Langens Briefe für Kinder haben aus dieser Ursache den Beyfall der Kenner schon lange erhalten, und zur Uebung ist wirklich diese Art zu schreiben für Kinder noch am faßlichsten. Sie gewöhnen sich hierdurch eine natürliche und gute Schreibart unvermerkt an, und machen sich geschickt, nach der Hand auch wichtigere Auffätze zu verfassen.

Register.

Bittschriften an Fürsten und andere Standespersonen, wie sie einzurichten 25. ob sie sich für Kinder schicken 28.

Brief, was ein Brief sey 9. zwo Haupteigenschaften eines guten 10. wie man gute am besten und ehesten schreiben lernen könne 11. Eintheilung und Einrichtung derselben 14. Schreibart in denselben 29. äusserlicher Wohlstand in denselben 35. wo man ihn zu schreiben anfange 36. was noch mehr bey denselben zu beobachten 41.

Briefwechsel von und zwischen Kindern 44.

Datum, wo es in Briefen hinzusetzen 40.

Einrichtung der Briefe 15.

Eintheilung der Briefe 14.

Freundschaftliche Briefe, wie sie gut einzurichten 16.

Gattungen der Briefe, wie viel 14. von Schreibarten in Briefen, wie viel 29.

Haupteigenschaften eines guten Briefes, welche es seyen 10.

Kinder, ob Bittschriften von denselben zu verfertigen 28.

Muster eines freundschaftlichen Briefes 17. eines Briefes an höhere Personen 22. an Fürsten und Regenten 26. von Briefen zur Uebung für Kinder 44.

Natürlich schreiben, was dieß heisse 10.

Ort, wo der Name desselben hinzusetzen 40.

Papier, was für eines beym Briefschreiben zu nehmen 35.

Register.

Personen: gleiche, wie ein Brief an dieselbe einzurichten 16. höhere, wie man an dieselben Briefe schreibe 22. vom Stande, wie die Briefe an dieselben einzurichten 25.

Redensarten, welche bey einem guten Briefe zu wählen und zu meiden 31. 32. 33.

Sätze, was man in Ansehung derselben bey guten Briefen zu vermeiden und zu beobachten habe 33.

Schön schreiben einen Brief, was dieß in sich begreife 11.

Schreibart in Briefen, was sie sey 29. wie viel Gattungen derselben es gebe 29. gute, was sie in sich begreiffe 29. was darzu vorzüglich gehöre 30. auf was vor allem darbey zu sehen 30. schlechte, woran man sie erkenne 29. wie Kinder die gute und schlechte von einander unterscheiden lernen können 34.

Siegellack, was in Ansehung desselben zu beobachten 42.

Titulaturen, was von denselben zu merken 37.

Ueberschrift, was dabey zu vermeiden 43.

Wohlstand in Briefen äusserlicher, was in Ansehung desselben zu beobachten 35.

Worte, was in Ansehung derselben bey einem guten Briefe zu beobachten 30. 31. 32.